新雅・名人館

蘋果之父

喬布斯

新雅文化事業有限公司
www.sunya.com.hk

新雅‧名人館

蘋果之父 喬布斯

編　　著：饒遠
內文插圖：楊志強
封面繪圖：李成宇
策　　劃：甄艷慈
責任編輯：周詩韵
美術設計：何宙樺　李成宇
出　　版：新雅文化事業有限公司
　　　　　香港英皇道499號北角工業大廈18樓
　　　　　電話：（852）2138 7998
　　　　　傳真：（852）2597 4003
　　　　　網址：http://www.sunya.com.hk
　　　　　電郵：marketing@sunya.com.hk
發　　行：香港聯合書刊物流有限公司
　　　　　香港荃灣德士古道220-248號荃灣工業中心16樓
　　　　　電話：（852）2150 2100
　　　　　傳真：（852）2407 3062
　　　　　電郵：info@suplogistics.com.hk
印　　刷：中華商務彩色印刷有限公司
　　　　　香港新界大埔汀麗路 36 號
版　　次：二〇一五年八月初版
　　　　　二〇二四年一月第二次印刷
版權所有‧不准翻印

ISBN: 978-962-08-6391-2
© 2015 Sun Ya Publications (HK) Ltd.
18/F, North Point Industrial Building, 499 King's Road, Hong Kong
Published in Hong Kong SAR, China
Printed in China

前言

　　喬布斯創造的「蘋果」在全世界流行，他從一個喜歡搞惡作劇的孩子，成為人人景仰、手中有幾百億的美國大富翁。他是怎樣成功的呢？這確實是個謎。

　　人一生下來，直到死亡，叫人生。

　　人生途中必然會遇到各種各樣的挫折，大的小的，無人可逃脫。即使是偉大的人物，也是不可避免。

　　喬布斯是震驚世界的人物，更是在挫折中完成一生的。他創造了世界名牌「蘋果」，在電腦、手機、動畫、音樂等方面都創造了奇跡，被《財富》雜誌評為「近十年最佳行政總裁」（CEO of the Decade）。他是傑出的商人、發明家、企業家，他是美國蘋果公司的聯合創辦人、前行政總裁，他還獲得了美國列根總統頒發的國家級技術勳章。

　　但他的人生最少有三次重大的挫折，考驗着他的意志、勇氣和智慧。

　　他一出生就被送了給別人，成了沒有親生父母照顧的棄兒，這對他的心理成長和性格發展都產生了極大的影響。

在事業發展初期，本來建立了良好的開端，但卻被他自己的公司拋棄，被迫辭職。這簡直是毀滅性的打擊。

到了他已經取得輝煌成就，事業蒸蒸日上的光輝時刻，癌症卻不請自來，逼迫他與死神交戰。

這三次挫折，一次是心靈的傷痛，一次是事業的成敗，一次是生與死的決戰。他怎樣經受這些考驗，讓自己的理想得以實現呢？

喬布斯傳奇的一生，有許多曲折的故事，讓我們翻開他的奮鬥史，閱讀他毅然決然，毫不低頭，奮勇向前，戰勝一個個困難，頂住一次次打擊，力挽住一次次狂瀾，走向成功的故事。

從喬布斯創立「蘋果」為線索的人生故事中，可以看到喬布斯是怎樣從挫折中奮起，在困難中想出辦法，在受到打擊時勇往直前的精神。這些故事，一定會對我們有所啟迪，幫助我們克服一切困難，最終實現自己的理想。

目錄

一 剛出生就成了棄兒①

人一生下來就開始了人生。世界著名的發明家、企業家喬布斯的人生是怎樣開始的呢？

喬布斯還在媽媽肚子裏的時候，沒有名字。媽媽的肚子漸漸大了，怎麼辦呢？你說生下來嘛。但不成呀。這位準媽媽心想：我和男朋友都正在讀**研究生**②，還沒畢業，生下孩子怎麼養呢？況且，我爸爸媽媽也不贊成我跟這位敍利亞阿拉伯人談戀愛。當時，社會還比較封閉，不接受未婚懷孕，人家會指指點點，說你一個讀書人，怎麼還未結婚就生孩子了？

這對準父母是美國威斯康辛大學的研究生，男的是移民至美國的敍利亞阿拉伯人阿卜杜拉法塔赫·約翰·錢德里，女的是**德國裔**③的美國人喬安妮·席貝爾。喬安妮的爸爸不贊成他倆結合，說：「女兒，我反對你和來自敍利亞的錢德里談戀愛。」可是，他倆偷偷地談了，

---

① **棄兒**：被父母遺棄的孩子。
② **研究生**：指獲得大學學士學位後，繼續攻讀碩士或博士學位的學生。
③ **德國裔**：德國的後代。

現在還懷孕了。

二十三歲的喬安妮為了躲開閒言碎語，便搬到了三藩市，在那裏，她被一個專門照顧未婚媽媽並安排收養事宜的醫生收留了。

醫生問她：「孩子生出來後，你有什麼打算？」

喬安妮說：「我要找一個大學畢業的家庭來供養我的孩子。」於是，她在收養處作了登記。

一對律師夫婦看到了登記，提前來到她身邊，說好要收養這個即將產下的嬰兒。喬安妮滿心歡喜，但是當1955年2月24日孩子出生之後，這對律師夫婦一看到是個男孩子，便改變了主意。他們說：「我們有兒子了，想要收養一個女兒，我們不想收養這個男孩子了。」

喬安妮很着急：「那怎麼辦？我總不能帶着個小孩子回學校上課呀。」她焦急地給領養預備名單上的另一個家庭打電話：「有一個不請自來的男嬰，你們願意收養他嗎？」那是一對十多年來一直想收養孩子卻始終沒有實現願望的夫婦。他們是一對性格溫和的夫婦，受過些高中教育。丈夫叫保羅‧喬布斯，出生在農家。妻子克拉拉從小就生活在三藩市的教會區。保羅對生活總是抱着積極樂觀的心態，渾身散發着充沛的活力。

這天晚上，電話鈴聲急促地響了，這對夫婦接到請

求收養孩子的電話後，十分高興。已經喪失生育能力的克拉拉說：「機會到了，保羅，你有什麼想法？」

「是啊，他就是我們盼望已久的那個孩子。」

夫婦倆急忙趕往收養處。當喬安妮知道他們沒有大學文憑，也不是有錢人，只是一對漂泊在城市裏，一直為生存而不停地工作的普通打工者時，喬安妮猶豫了：這家人經濟不富裕，孩子將來怎麼讀上大學？

保羅夫婦很喜歡這個孩子，他們連忙抓緊機會，說：「我們希望收養這個新生兒。」並向喬安妮承諾，「我們一定會把他當作自己的親生兒子來撫養。」

喬安妮問他們：「孩子長大後，你們會送他上大學嗎？」

為了獲得收養的機會，他們答應：「我們一定會送孩子讀上大學。」喬安妮左右為難，不讓他們領養嘛，一下子又難找另外的人家。就這樣，猶猶豫豫等了幾個月後才辦了收養手續。

保羅和克拉拉給這個收養的兒子取名為：史提夫·保羅·喬布斯。

喬布斯的養父母收養了喬安妮的棄兒後，便舉家遷往南三藩市的一座工業城鎮——芒廷維尤。

1960年，喬布斯五歲了，保羅被調動到一個叫帕洛

奧圖的地方工作，全家搬到加利福尼亞州的山景城，住進了有三間臥室的住宅裏。

喬布斯很早就知道自己是被領養的。六七歲時，他坐在自家屋前的草地上，向住在對面街的一個女孩講這件事。女孩問：「是不是你的親生父母不要你了？」

喬布斯像被閃電擊中一樣，跑回家大哭。這時，養父母直盯着喬布斯的眼睛，一字一頓地説：「我們是專門挑選你的。」

喬布斯的養父母非常好，被他視為「親生父母」；養父母對他也如親生兒子一樣。如果有人説他們是他的「養父母」時，喬布斯會非常憤怒。

小小的喬布斯在這個並不富裕的家庭裏一天天長大，長成了一個充滿好奇心的孩子，照顧他便成為父母的一個大挑戰。例如，當小喬布斯看到電源插座，就會想：它是用來做什麼的呢？接着便把媽媽的髮夾塞到電源插座裏玩，讓它發出難聞的氣味以滿足自己的好奇心，結果被電燒傷了手部，急得父母慌忙地把他送到急診室急救。

又有一次，父母拿有毒食物來清除家裏的螞蟻，小喬布斯卻把這些有毒食物拿到自己的嘴裏吃，嚇得父母不得不送他去醫院洗胃。還有一次，喬布斯和朋友們跑

到了醫院，就是想嘗嘗殺蟲劑究竟是什麼味道。

小喬布斯每天都比全家人早起牀，清晨四點鐘就起來了，那時家人都還在睡覺，他起來幹什麼呢？為了讓他有事可做，不要影響大家休息，父母只好給他買了一個搖搖馬、一部唱機和一些小理查德的唱片。起牀後，小喬布斯便自玩自樂，坐坐搖搖馬呀，聽聽唱片呀，自己盡情地玩。

知識門

小理查德：
美國早期搖滾歌手，風格輕快，演唱時伴有激烈快速的搖擺身體動作。

喬布斯還是一個愛惡作劇的孩子，他曾經試過在鄰居家的攝像機前面做鬼臉，還騎在三輪車上對街坊四鄰大喊大叫。

喬布斯就是這麼一個不易應付的小孩子，克拉拉甚至曾經想過，收養他是不是一個錯誤。為了讓小喬布斯有個玩伴，兩年後，他們又收養了一個女孩子帕蒂。

保羅曾在第二次世界大戰期間於海岸防衛隊服役。之後，他曾做過機械師和二手車推銷員，後來在一間財務公司工作。業餘時間，他把收購來的壞車修好，然後賣出去賺錢。這些錢存下來，就是喬布斯未來的大學學費基金。

喬布斯要參加游泳課，但沒錢交費用，怎麼辦？克拉拉只得靠給別人照顧孩子來掙錢。

　　儘管這是一個不富裕的家庭，但喬布斯得到了養父母的寵愛，也親身地體驗到基層市民生活的艱難。雖然他受到養父母的疼愛，但被「領養」的事實，使他的心靈受到了很大的影響，形成了他怪異的性格，影響了他的一生。

　　這些悶氣一直沉浸在喬布斯內心，最後會怎樣噴發出來呢？

想一想

1. 喬布斯的媽媽把喬布斯送養，你對此有何看法？

2. 喬布斯小時候是個怎樣的孩子？

二 惡作劇大王的「聖人」[①]

　　喬布斯在山景城的蒙塔・洛馬小學讀三年級的時候，曾被勒令退學。他的父親很着急，跑到學校問老師：「為什麼這樣對待我的孩子？」

　　老師說：「因為喬布斯經常搞**惡作劇**[②]，影響同學上課。」

　　老師舉出幾個例子：

　　喬布斯惡作劇的幫手是他的好朋友里克・費倫蒂諾。有一次上學途中，他們抓到一隻小蛇，喬布斯對里克說：「我們把蛇放在教室裏，看看好不好玩？」結果同學們一進課室看見蛇，便嚇得尖叫着亂跑，大叫：「有蛇，有蛇！」

　　他們還私下商量：「我們給點顏色老師看看。」「好，誰叫她老是罵我們。」上課的時候，他們悄悄地把點燃的鞭炮丟在老師的桌子下面，「噼哩啪啦」一陣轟響，嚇得老師直打哆嗦，同學們都驚叫着離開

---

① **聖人**：指品格最高尚，智慧最高超的人。
② **惡作劇**：捉弄取笑、使人難堪的行為。

教室。

喬布斯和里克二人合作無間，多麼困難的惡作劇他倆都可以輕易地辦到。

上課的時候，同學們會把自己從家裏騎來的單車用密碼鎖鎖好，排成一排停在停車處。有一天，喬布斯對里克說：「我們先弄清楚每個同學的單車是什麼樣子的，然後用自己車鎖的密碼作為交換，套出每一個同學的密碼。」

當收集齊了所有同學的密碼後，他們的行動就開始了。他們打開所有單車的密碼鎖，再將這些鎖鎖在其他同學的單車上。放學後，孩子們準備騎車回家，卻不知道為什麼怎樣也打不開自己的車鎖。直到晚上10點，同學們才將所有的單車從混亂的車鎖中解脫出來。即使長大後回想這件惡作劇，喬布斯還是很興奮。

又有一次，喬布斯和里克商量，私下發起了「帶寵物上學日」。同學們興致來了，各人帶着家裏養的小狗小貓來到學校。一時間，學校裏滿是貓貓狗狗，到處叫，到處跑，整所學校不得安寧。這活動當然沒有被允許，老師們也為此極度擔心，喬布斯卻覺得挺瘋狂的。

因為經常做惡作劇，喬布斯在讀完三年級之前，

就被送回家兩三次。不過父親當時已經知道他是個特別的孩子，他以平靜但堅決的態度對學校説：「我希望學校也能像我們父母那樣對待孩子。」保羅説，「告訴你們，這不是他的錯。如果老師提不起他的興趣，那是你們老師的錯。」

喬布斯還沒上學之前，媽媽就已在家裏教他識字，爸爸又讓他接觸簡單的機械製作；現在天天坐在課室裏，沒有自由，所以他感到非常沉悶，無聊的時候，便想法子做惡作劇。

四年級的時候，校長勒令將這兩個頑皮的學生分開，不能在同一個班級裏。教四年級的伊莫金·希爾夫人主動提出要教其中一個男孩，於是她便成為了喬布斯的老師。日後，喬布斯想起她的時候，總是將她稱為自己「生命中的聖人之一」。

伊莫金·希爾夫人是一名稱職的老師，但不會墨守成規，反而充滿激情，想去啟發每一位學生的潛能。她心裏仔細考量有什麼辦法可以接近、打動這個特別的男孩。

經過幾個星期的觀察，她意識到「收買」是對付他的最好方法。一天放學後，她拿着作業本，向喬布斯發出了一個挑戰，她説：「喬布斯，如果你可以把這本

數學作業本帶回家做完，而且當中百分之八十的題目都做對，我就會給你一枝巨大的棒棒糖，再加上5美元獎勵。」喬布斯接受了這個挑戰，不到兩天便完成老師的要求，得到了棒棒糖和5美元。

喬布斯後來說：「老師用一個月時間就摸清了我所有的情況，並且點燃了我對學習的熱情。」喬布斯回想起這位老師的時候說：「她送給我製造相機的工具，我造出了自己的鏡頭，並組裝了一部照相機⋯⋯我覺得，那一年是我這一輩子在學校裏最用功的一年。」

喬布斯因為身材矮小、體型瘦弱和個性奇怪而被同齡人所排斥。這造就了他內心強烈的不安全感，與同學們不太合得來，經常哭，感到很孤單。因此，他表現得頑皮、不服從老師的指令、不完成老師佈置的功課，被學校幾次勒令退學。小學四年級這一年，成為喬布斯人生的一個轉捩點，因為他碰到了一位改變他人生的老師——希爾夫人。「她在我心目中是一位了不起的老師。」喬布斯回憶起這位老師時說，「我百分之百確定，如果沒有希爾夫人，我可能會進監獄的。」

四年級快結束時，希爾夫人要喬布斯接受學力測試，他得到很高的分數，達到了高中二年級水平。學校就跟喬布斯的父親說：「校方可以讓喬布斯跳兩級，直

接上七年級。」父親説：「不行，他還小，才十一歲。最好是讓他先跳一級。」於是，在1966年的秋天，喬布斯成了山景城克里滕登中學六年級的學生。

喬布斯任意妄為的性格一方面來説是不好的，他頑皮、愛搞惡作劇，令人困擾。另一方面，這種性格又是他成功的一個關鍵。他對任何感興趣的事情都抱有極大的熱情，敢於去做一些別人想不到和不敢做的事情。

他會做出什麼驚人的事呢？

知識門

七年級：

相等於香港學制的初中一年級。美國的小學、中學共分為十二個年級，但沒有全國統一劃分階段。有些地區的學制是小學五年、初中三年、高中四年。因此下文提及喬布斯跳級至六年級，便升讀中學了。

想一想

1. 為什麼喬布斯小時候經常搞惡作劇？

2. 喬布斯為什麼稱他的老師希爾夫人是「聖人」？

17

三 出色的啟蒙[①]

保羅真的會像親生父親那樣疼愛喬布斯嗎？喬布斯能在這樣平淡的家裏快樂成長嗎？

喬布斯五六歲的時候，熱愛機械的保羅就在車庫裏的工作台上面劃分出一個屬於喬布斯的空間。很多家長都不喜歡小孩進入自己的工作空間，保羅卻正正相反。

保羅把喬布斯帶到他的車庫裏，說：「史提夫，從現在起，這個地方就是你專屬的工作台了。」

保羅把將所有的工具收拾整齊，按順序擺放在工作台旁邊。

喬布斯問：「爸爸，我能用這些工具嗎？」

「當然可以。歡迎你和爸爸一起使用這些工具。」

從此，喬布斯就經常在車庫裏跟保羅一起，投入機械製造的世界。

保羅喜歡購買一些舊汽車，將它們修好後再出售，因此保羅十分了解汽車的各個部件，喬布斯也開始對汽車的內部工作原理產生興趣。

[①] **啟蒙**：使初學的人得到基本的入門的知識。

　　保羅經常一邊拆修機器零件，一邊向喬布斯講解。保羅除了引發喬布斯日後對電子產品的熱愛，還有他對工藝追求一絲不苟的精神。

　　保羅常常對兒子說：「製造一件東西的時候，它的每一個部件都要做好，然後細緻、用心地將它們組合在一起，即使這個部件是安裝在別人看不到的地方，也不可敷衍了事。」

　　喬布斯後來對他的朋友說：「我的父親真了不起，他可以將任何壞掉的東西都修好，讓它們重新運作，還能將任何機器拆開，再重新組裝起來。這可以說是我在製造業方面的啟蒙。當爸爸發現我開始對電子設備感到興趣後，他就經常帶一些電器零件給我，讓我練習拆開和再組裝。」

　　保羅積累了豐富的機械製造、修理、組裝的經驗。喬布斯在保羅身上學到了學校裏學不到的知識和技能，還激發了對電子設備的興趣。

　　保羅鼓勵喬布斯說：「兒子，你要好好學習，將來你會比爸爸更出色。」

　　可是，喬布斯在進入克里滕登中學學習了一段時間後，卻向父母提出轉學的要求。

　　原來喬布斯早就對學校混亂的情況極為不滿。學生

們經常為了展現自己的男子氣概而帶刀子回到學校去。也有學生犯事被監禁。有些學生因為在摔跤比賽時被對方打敗了，就去毀掉對方的校車。在這種混亂的學習環境中，喬布斯超常的智力水平得不到發揮和提升的機會。他漸漸變得鬱鬱寡歡，心中充滿挫敗感。這種情況也促使喬布斯改變了他的想法：他決定下一學年不去這所學校上學了。

七年級那年夏天，他把這件事告訴了他的爸爸：「爸爸，克里滕登中學不適合我，我要轉學。」最終父母接受了這要求，因為他們知道如果不讓喬布斯轉學，喬布斯就有可能跟着那些學生一起搗蛋，變成**不良少年**①。於是他們搬了家，向南移了五公里，來到了洛斯阿爾托斯南部。

新家是一棟平房，有三間臥室，還有車庫。爸爸在車庫裏修車，喬布斯就在車庫裏玩他的電子設備。

喬布斯對製造東西很有興趣，他最想做的是什麼呢？

---

① **不良少年**：表現不好的少年。

想一想

1. 喬布斯從養父那裏得到了哪些方面的啟蒙？

2. 為什麼學校的混亂情況會讓喬布斯的智力得不到發揮和提升呢？

四　藍盒子風波

　　要成就事業，就要有個幫手，最好是要好的朋友。喬布斯很幸運，他有一個好朋友。

　　喬布斯在山景城讀中學時，有一個「最佳拍檔」，他就是電腦天才——史提夫·沃茲艾克。二人有着相同的愛好，除了熱愛電子，還酷愛惡作劇。

　　喬布斯跟沃茲尼克很談得來。

　　沃茲尼克問：「喬布斯，你喜歡電子嗎？」

　　「喜歡。」喬布斯說，「我家在矽谷附近，鄰居都是惠普公司的職員，在他們的影響下，我從小就喜歡電子學。住宅小區裏到處都有一些丟棄在屋外的箱子，箱子裏裝着廢棄不用的電子零件。我會把那些箱子帶回家，放學後就把裏面的零件拆開來研究。」

知識門

矽谷：
美國加利福尼亞州北部聖克拉拉谷的電子工業中心，因生產電子工業基本材料「矽」及地處谷地而得名。常用來借指高科技技術工業園區。

　　喬布斯接着說：「我的鄰居藍恩是惠普的工程師，他看我如此喜歡電子，就帶我加入惠普公司的『探索者

俱樂部』。每個星期二晚上都會有十多個學生在惠普公司的餐廳裏舉行聚會，俱樂部會請來惠普的工程師跟學生們説説自己的研究項目。就在一次聚會中，我看到了一件新奇的事物，它的體積十分龐大，我就問工程師那是什麼，你知道他告訴我什麼？」

沃茲尼克急切地問：「是什麼？」

喬布斯説：「他告訴我那是最新的桌上電腦，專供實驗室和大學使用。我當時興奮得跳起來，這是我第一次看見桌上電腦，這時我才開始對電腦有矇矓的認識。」

喬布斯看見沃茲尼克神情專注，便繼續説：「有一次，藍恩從實驗室帶回來一個碳晶麥克風給我玩。我對這個麥克風非常着迷，不斷地對着麥克風説話，聲音從麥克風裏傳出來，變得很響亮。」

喬布斯停了一下，又繼續説：「它的運作原理跟我從父親那裏學到的電子知識很不一樣，所以向藍恩問了很多細緻的問題。以後，我就經常跟他在一起，他對我印象很好，還把麥克風送給我。」

「哇，你真幸運！」沃茲尼克十分羨慕。

1971年的一個星期日下午，沃茲尼克興沖沖地給喬布斯打電話：「我在《君子》雜誌上讀到了一篇文

章——〈小藍盒子的秘密〉。文章探討了當時那些電話飛客製造並使用一種電子裝置『騙過』電話公司。他們通過模擬特殊的音頻，進入電話公司的長途電話的線路，便可以免費撥打長途電話了。」沃茲尼克按捺不住激動。

喬布斯聽後立即說：「沃茲尼克，我們要把他們的『藍盒子』秘密弄清楚。」

於是，他們跑到圖書館埋頭尋找，終於找到了那本詳細介紹電話系統怎樣運作的期刊，上面列出所有可進入電話公司線路的音頻。

喬布斯高興地大叫：「這是真的，天哪！所有音頻資訊都寫得清清楚楚。」經過周密的計劃，沃茲尼克和喬布一起開始嘗試製造一個「藍盒子」。

經過許多次失敗與嘗試，沃茲尼克終於把藍盒子研製成功。一開始，他們製造藍盒子只是為了找樂子。

一次，沃茲尼克利用藍盒子打電話到梵蒂岡。他假裝是美國國務卿亨利·基辛格，裝出基辛格的德國口

音，想要與教宗通話，但是教宗正在睡覺，後來這場惡作劇也被拆穿了。

教宗：

天主教會的最高統治者，由樞機主教選舉產生，任期終生，駐在梵蒂岡。

喬布斯很快便敏銳地發現了這種「娛樂」工具的商機，於是對沃茲尼克説：「這麼方便的產品，應該能引起熱潮，我們可以把藍盒子賣出去。」

這樣的想法是永遠不會出現在沃茲尼克的腦袋中的。沃茲尼克只是想製造藍盒子去免費撥打全世界的電話，並測試用藍盒子最遠可連到哪裏。

喬布斯向沃茲尼克説明這些藍盒子的潛在商業利潤，並鼓勵沃茲尼克做出更多的藍盒子去出售。他們以盡可能低的價格買到零件，組裝完成一個盒子的成本是40美元，然後以150美元一個的價格出售。

喬布斯開始向宿舍的人推銷，賣出的藍盒子都附上一張手寫着「全世界掌握在你手中」的卡片，作為產品的保養卡。這個產品很受歡迎，很快便賣光了。

但是有一次，他們的汽車拋錨了，警察停下來查問時，發現了藍盒子。警察詢問他們：「那些盒子是什麼？」喬布斯和沃茲尼克告訴警察：「那些盒子是一種電子音樂合成器。」經過這次事件後，他們的藍盒子生

意也就結束了。

這些藍盒子不單讓喬布斯和沃茲尼克賺了一筆錢，還給了他們極大信心去創造發明。「如果不是藍盒子，就不會有蘋果公司。」喬布斯百分之百肯定地説，「沃茲尼克和我學會了怎樣合作。」沃茲尼克是個技術天才，他創造發明產品，喬布斯就讓這個產品方便易用，把它包裝起來推向市場，賺上一筆。

高中的最後兩年，喬布斯心智發展迅速，除了熱愛電子，也喜歡上了閱讀文學、音樂等科技以外的書，如莎士比亞、柏拉圖的作品，最愛看的是《李爾王》。

他曾製造了一部帶有光感器的裝置。他又利用從他父親那裏學來的激光知識，和幾個朋友一起在喇叭上安裝鏡子來反射激光，於各種派對上進行音樂燈光表演。

按照領養的約定，喬布斯十七歲高中畢業後，應該上大學了。上什麼大學好呢？喬布斯心裏在盤算着。

知識門

莎士比亞：
英國文藝復興時期著名的戲劇家、詩人，創作了大量膾炙人口的文學作品，在歐洲文學史上有着重要的地位。

柏拉圖：
著名的古希臘哲學家，是西方哲學的奠基者。

《李爾王》：
莎士比亞的著作。

想一想

1. 喬布斯與沃茲尼克合作製造「藍盒子」，
   對他們日後的合作起了什麼作用？

2. 你認為一個好幫手是不是成就事業的關
   鍵？為什麼？

五 赤腳大學生的追求

經濟不充裕，卻要讀學費昂貴的大學；讀了半年大學，又退學了。喬布斯，這究竟是為什麼呢？

有一次，喬布斯去里德學院探望一位朋友，親身感受到里德學院的自由精神和嬉皮士風格，就喜歡上了這所開明的學校。喬布斯在加利福尼亞州的宅基高中畢業後，沒有選擇學費相對便宜的州立大學和在家附近的史丹福大學，轉而選擇了里德學院這所全美國最貴學費的學校。

> **知識門**
>
> **嬉皮士：**
> 指具有頹廢派作風的人，他們由於對現實不滿而採取玩世不恭的態度，如蓄長髮、穿奇裝異服等。

喬布斯的母親克拉拉聽了喬布斯的要求後，說：「我們負擔不起里德學院的學校，你就打消這個念頭吧。」但喬布斯說：「不行，我只想上那所大學，要是上不了，我就乾脆不上大學了。」喬布斯的養父母想到曾經答應過他的生母，要送他上大學，雖然里德大學的學費很高，也應該兌現承諾，只好妥協了。

那時的喬布斯受到美國的嬉皮士文化影響，在學

校的時候，他不僅長髮披肩，而且經常光着腳，穿着邋遢、破舊的衣服，以外表來展現自己的叛逆。

由大學時期開始，喬布斯便對東方宗教哲學產生濃厚的興趣，他時常和朋友閱讀禪宗的書，在冥想[①]室冥想打坐[②]。喬布斯學禪的入門書籍很多，日本禪師鈴木俊隆用英文寫的《禪者的初心》，對他啟發很大。禪宗不看重經文，講求發自內心的頓悟，這種思維方式跟喬布斯崇尚精神自由的心性十分吻合。

知識門

禪宗：

中國佛教宗派之一。以靜坐默唸作為修行方法。相傳南朝宋末（公元5世紀）由印度和尚菩提達摩傳入中國，唐宋朝時極為盛行。

而且，他還成為一位素食者，後來甚至實行更嚴格的飲食計劃——僅僅食用水果和蔬菜，這使他又瘦又結實。

喬布斯在大學裏結交了比他大四歲的羅伯特·弗里德蘭。弗里德蘭曾經去印度拜訪了印度教精神導師——尼姆·卡羅里大師，喬布斯很羨慕他這點。而且，他一些特質也是向弗里德蘭學習的，例如如何擁有領袖魅

---

① **冥想**：深沉地思索和想像。
② **打坐**：一種養生健身法，也是僧道修行的方法。打坐時閉目盤膝而坐，調整呼吸，手放在一定位置上，心無雜念。

力，成為眾人焦點。

弗里德蘭的舅舅有一處蘋果園，交給弗里德蘭管理。周末，喬布斯就會在那裏幫忙為蘋果樹剪枝、打掃果園。

喬布斯第一學期的成績很糟糕，他討厭上大學的必修課，覺得這些必修課很無聊。他又認為大學花費了父母的大量金錢，卻沒有學到什麼，也不能指明他的前途，於是決定退學。他退學後仍然留在里德學院旁聽他喜歡的課程，例如書法、美術、設計等。他沒有宿舍，所以只好睡在朋友家的地板上，靠着回收可樂空罐的五分錢退費買食物吃。

後來，他在一次演講中談到他的大學生活，他說：「我決定退學，並且相信船到橋頭自然直。現在回過頭來看，那是我至今做出最正確的決定之一。」

「你無法把生命中的點滴預先串連起來；只有在未來回顧時，你才會明白那些點滴是如何串在一起的。你要相信，現在的種種經歷，終會在你的未來連接起來。你必須相信某種東西——你的膽識、命運、生命、因果報應等等。這種做法從來沒有讓我失望，而且還徹底改變了我的生活。」

不用上常規課程了，喬布斯就選了一門書法課，學

習了襯線字和非襯線字字形，學會
了根據不同的字形組合來調整字母
的間距，他覺得書法課真是太美妙
了。十年後，在他設計第一部**麥金
塔電腦**[①]的時候，把它們全部融入電

襯線字：

指字母的筆畫開端、結
束處有額外的裝飾，而
且筆畫有粗幼變化。

腦的設計之中，使它成為史上第一部擁有精美字體版式
的電腦。

　　在這段時間，喬布斯在里德學院成了一個邊緣人
物，過着放蕩不羈的生活。大多時間，他都光着腳板走
路，只有在下雪天時才穿着涼鞋。他住在每月20美元租
下的沒有暖氣的公寓裏，冬天時只好穿羽絨服。他把主
要精力放在自己的心靈及覺悟的追求上。他説：「我清
楚什麼是重要的──創造偉大的東西，而不是賺錢。我
應該盡我所能，在歷史和人類思想的長河中留下一些東
西。」

　　「為歷史和人類留下一些東西」這個理想非常好，
非常高尚。但是喬布斯，你的心能靜下來嗎？

[①]**麥金塔電腦**：麥金塔是「Macintosh」的中文音譯，是蘋果公司研發的個
　　人電腦產品，又簡稱 Mac 電腦。

想一想

1. 你對喬布斯讀了半年大學就退學有何看法？你認同嗎？為什麼？

2. 喬布斯立志創造偉大的東西，你的志向又是什麼呢？

六 到印度朝聖

無論喬布斯怎樣放縱自己，總覺得內心像被種種如石頭般沉重的問題壓着。他想通過惡作劇來發泄，但那只是暫時的釋放；他問過牧師，能否讓上帝解決問題，牧師説「可以」，但事實上卻做不到；甚至在里德大學**坐禪冥想**①，也想不出滿意的答案，所有辦法都不能解決心中的問題。

喬布斯覺得弗里德蘭的辦法可以一試：直接到佛禪深厚的印度去參拜、尋找，一定可以求得答案。

1974年，為了能實現到印度朝聖的目的，喬布斯離開里德大學，返回父母在洛斯阿爾托斯的家，開始找工作。他不求職位好，不求長期穩定，只想找份工作，讓他能賺到足夠的錢去一趟印度。

一天早上，他在看《聖荷西信使報》的招聘廣告時，看到雅達利公司正在招聘電子遊戲設計師。雅達利公司開發了一種叫「乒」的投幣式大型電子遊戲機，這

---

① **坐禪冥想**：佛教指排除一切雜念，靜坐修行。

遊戲以乒乓球作為設計概念，一推出便大受歡迎，使雅達利公司成為當時炙手可熱的電子遊戲製造商。

由於「乒」太受歡迎了，遊戲機的投幣盒被塞滿，出現故障，因此雅達利公司迫切需要一個電子機械師來解決這一問題。廣告上的招聘條件是此人「必須是世界知名的電子機械師」，公司會為他提供良好的娛樂服務和吸引的薪金。雖然喬布斯對這間公司一無所知，但他還是想去碰碰運氣。

喬布斯去面試應徵那天，雅達利的人事主管並沒有錄取喬布斯。於是，喬布斯決定一直賴着不走。

由於人事主管實在無法應付喬布斯，便向雅達利的首席工程師艾倫·奧爾康抱怨：「有一個非常奇怪的傢伙來這裏應徵，他説除非我們錄用他，否則他不會離開。我看，我們只有兩種選擇：一是讓警察把他帶走，二是我們只能錄用他了。」

身材高大、性格開朗的奧爾康聽到後，反而對這個傢伙很好奇，便説：「把他帶進來讓我看看吧。」

奧爾康一看到喬布斯，便差點笑出聲來。因為喬布斯穿着舊衣服、赤着腳，以一個美國嬉皮士的樣子來應徵。儘管在那時的奧爾康看來，喬布斯是完全沒有資格

被錄用的，但是經過反復交談，奧爾康發現喬布斯很有潛質，所以還是錄用了他，喬布斯於是成了雅達利首批五十名員工之一。

別人問奧爾康：「你為什麼會錄用喬布斯？」他說道：「我真不知道為什麼僱用他，他除了想做這份工作，而且對科技抱有衝勁之外，其他什麼都沒有。但我正是看中了他內在的那種衝勁，具備這種衝勁就能把這份工作做好。而且他很富想像力。他的思想很單純，沒有任何的雜質。所以，我錄用了他。」

喬布斯成了雅達利的一名技術人員，每小時的薪金是5美元。這份工作除了讓喬布斯得以維持日常生活外，還讓他開始有了一點積蓄。

可是，喬布斯傲慢、古怪的性格非常難以跟同事們和睦相處，迫不得已，他的上司只好安排他在晚上上班，清早回家。這樣喬布斯就不用跟公司其他白天上班的同事打交道。

十九歲的喬布斯雖然在雅達利公司任職，但他心中仍保留着堅定不移的精神信仰，到印度朝聖是他心中最大的渴望。「這是一次嚴肅的探索。」他說，「我想要弄清楚我到底是個怎麼樣的人，我該怎樣融入這個世

界。」還有一個原因：他想知道自己的親生父母是誰，這是他心中揮之不去的心結。

1974年初，喬布斯突然向奧爾康要求辭職，理由是他要到印度拜訪那裏的大師、聖人。當時，雅達利公司在德國的遊戲市場出了點問題，於是，奧爾康決定讓喬布斯先到德國幫忙處理，而且從德國去印度的機票錢較便宜，可以解決喬布斯旅費不足的問題。喬布斯起程前，奧爾康對他說：「你見到印度大師後，請代我問好。」

之後，喬布斯以他一貫的不修邊幅的嬉皮士形象出發，在德國慕尼黑待了幾天，解決了遊戲機的問題。然後輾轉到了意大利、瑞士，再坐飛機到達印度首都新德里，那時已經是4月了。

喬布斯是和大學朋友丹尼爾·卡特基約好一起去印度的，不過，他比卡特基先到幾個星期，到達後才知道弗里德蘭說的尼姆·卡羅里大師已經不在人世了。

喬布斯到印度不久就染上痢疾，病得十分嚴重，整個人瘦了一圈。病好後，又到印度不同地方浪遊。有一次，他遇到一個印度教聖僧，這個聖僧覺得跟他特別有緣，便把他帶到一座小山，為他剃髮。

　　後來，他跟卡特基漫無目的地遊走各地，這時喬布斯已經打消尋訪聖人的念頭了，他希望以苦行、節儉和簡單的生活方式去得到覺悟。

　　這次印度之行，讓喬布斯發現印度的真實狀況與他的想像有着極大的差距，他明白到一個道理：「我們找不到一個地方，能待上一個月，得到**醍醐灌頂**[①]的頓悟。我生平第一次開始思考，也許托馬斯·愛迪生對改變世界作出的貢獻，比卡爾·馬克思和尼姆·卡羅里兩個人加起來還要大。」

　　在印度流浪了7個月後，他決定回家了。當父母接到他從奧克蘭機場打來的電話後，他們非常驚訝：「啊，兒子回來了！我們快去接他。」

　　當時喬布斯剃光了頭髮，身上穿着印度棉袍子，皮膚被曬得又黑又紅，父母來回經過他身邊好幾次也沒有

知識門

托馬斯·愛迪生：
美國發明家、商人，擁有大量重要的發明專利，例如留聲機、電影攝影機、鎢絲燈泡等。

卡爾·馬克思：
猶太裔德國哲學家、經濟學家，是當代共產主義運動的先驅。

[①] **醍醐灌頂**：比喻灌輸智慧，使人徹底醒悟。

認出他來，最後他媽媽走到他身邊，試探地問：「你是喬布斯嗎？」

疲倦的喬布斯看見父母來了，如夢初醒，大叫：「嗨！」

父母把他帶回家後，他更加着重精神生活，早晚都會打坐冥想和禪修，繼續追尋自我。其他時間，他就到史丹福大學旁聽物理學或者工程學的課程。

後來，他找到《禪者的初心》作者鈴木俊隆禪師，並跟隨鈴木俊隆的助手乙川弘文禪師學習。喬布斯和朋友們經常去乙川禪師的禪修中心打坐、學禪。

喬布斯過於沉迷追尋自我，而且對被親生父母拋棄一事始終耿耿於懷，他的心理明顯出了問題。1974年底，他花了1,000美元在俄勒岡感覺中心接受為期12周的心理治療。

1975年初，喬布斯回到雅達利公司上班。他還是上夜班，因此，在沒人知曉的情況下，他的好朋友沃茲尼克經常到喬布斯的辦公室免費玩雅達利的電子遊戲。作為交換，沃茲尼克會幫喬布斯完成工作。

有一次，公司要求喬布斯開發「乒」遊戲的單人版，玩家將球擊向一堵墻，被球擊中的磚塊便會消失。

喬布斯與沃茲尼克合作，連續四個晚上不停地工作，將這個別人要花幾個月才能完成的工作，用四天就完成了。

　　喬布斯的心終於平靜下來，他要為自己的理想踏前一步了。

想一想

1. 喬布斯為什麼要到印度朝聖？

2. 奧爾康認為有衝勁就可以把事情做好，結合你生活上的例子，你認為這對不對呢？為什麼？

七 成立蘋果電腦公司

終於從迷糊的狀態中解脫出來，喬布斯能找到自己發展的出路嗎？

正當喬布斯冥思苦想的時候，美國電子產業出現新的發展形勢。隨着科技的進步，微處理器誕生了。這片微小的薄片卻能指揮着整部電腦的運作，令電腦的體積可以因此而大大減小。

1975年，一部叫做「阿泰爾」(Altair) 的個人電腦問世了。阿泰爾是一部裝在金屬盒子裏的電腦，前面布滿了各種開關和指示燈。但它並不具備螢幕、鍵盤和數據儲存功能。雖然功能簡陋，但阿泰爾對於電腦迷來說，具有重大的劃時代意義。喬布斯高興地對沃茲尼克說：「太奇妙了！這是有史以來第一次，你可以真正地買到一部電腦，它只要400美元。」

電腦迷們組成的「自組電腦俱樂部」第一次舉辦的活動，就是現場展示阿泰爾電腦。

沃茲尼克參與活動後，靈機一動，想到如果有了微處理器，就可以製造一部由螢幕、鍵盤和電腦組成的個

人電腦了。接着幾個月，他每天都埋首研究、組裝。

　　1975年6月29日，沃茲尼克為他研製的電腦進行測試，他在鍵盤上打了幾個按鍵，字母就立即顯示在螢幕上，這可是電腦史上的第一次！

　　沃茲尼克的這部電腦讓喬布斯讚歎不已。沃茲尼克設計的電路板十分精密，喬布斯高興地說：「沃茲尼克，我們可以把做好的電路板賣出去。一部電腦所需的主要零件都安裝在這塊電路板上了，這可以讓技術人員省掉非常耗時的工作，一定會十分暢銷的。」

　　沃茲尼克有點為難，當時他還在惠普公司上班，於是便說：「讓我想想。」

　　接下來的好幾個月，喬布斯一直跟沃茲尼克講他的生意規劃：他們可以利用業餘時間從事商業活動，喬布斯繼續去雅達利上班，而沃茲尼克也可以留在他喜愛的惠普做他的工程師。他們合伙做生意，得到的收益各得一半。

　　有一次，他倆坐在喬布斯的汽車裏，喬布斯說：「沃茲尼克，我們可以成立一家公司。即使損失了所有的錢，我們還有一家公司。這是我們生命中第一次擁有一家公司。」

　　「我們的公司？兩個好朋友一起開的公司？」沃茲

尼克無比激動，説，「這太棒了！」

成立一家公司必須有商業計劃，有合同，還要有資金。於是，喬布斯賣掉了他的汽車，沃茲尼克也以500美元的價錢賣掉了他心愛的惠普65型計算機。

一天，沃茲尼克問：「那我們的公司叫什麼名字呢？」

「你的意思呢？」喬布斯問。

沃茲尼克皺起眉頭，想了一會，説：「我們把『Execution』（執行）和『Technology』（科技）兩個詞語合併起來，把新公司命名做 Executek，或者用一些科技色彩濃厚的字眼，例如 Matrix，怎麼樣？」

但喬布斯覺得這樣的名稱難於在大眾中流行。

這天，喬布斯剛去了弗里德蘭的農場修剪蘋果樹枝，沃茲尼克去接他回洛斯阿爾托斯，喬布斯説：「我覺得『蘋果』這名字有趣，有活力，不嚇人，還可以削弱『電腦』這個詞的鋭氣。」

喬布斯立即在腦子裏閃過一幅幅畫面——他在果園裏揮汗如雨地為蘋果樹剪枝，清掃果園，以及在吃蘋果餐的情景，他接着説：「也許，『蘋果』會是一個更完美，也更古怪，甚至有反主流效果的名字。」

「蘋果？這算什麼企業名稱？」沃茲尼克有點疑

惑。

第二天就必須登記申辦公司了，如果還想不出更好的名稱，就只能用「蘋果」這個名稱了。到了第二天，他們的公司名稱正式登記為「蘋果電腦」。

喬布斯跟沃茲尼克商量，運營公司應該找一個有經驗的人，喬布斯想到與他交情不錯的雅達利公司同事羅恩·韋恩，這人曾經做過生意，雖然失敗了，但應該很有經驗。他倆勸他加入蘋果，並給他10%的股份。餘下的股份，喬布斯和沃茲尼克各分得45%。

韋恩負責起草合約。1976年4月1日，他們三人在韋恩位於山景城的公寓中，簽署了這份合約。這時，喬布斯才二十一歲，沃茲尼克二十六歲。

公司成立了，事情似乎順理成章會快速發展。但是，曾經歷生意失敗的韋恩不久便開始擔心：根據這份協議，要是公司欠下債務，每個人都要一起負責。那時，我不就要出錢還債？我現在如果為公司付出資金，就會永遠掙不回來，天呀，那我就會惹上一身債務，這輩子……

十一天后，韋恩對喬布斯說：「我不幹了，我要退出公司的合伙人關係。」韋恩簽署了退出協定文件便離開了。

一家公司只有兩個人，不是在商業大樓上，而是在喬布斯父親的車庫裏。況且，他們資金又不足夠。這樣的公司能發展起來嗎？

1. 喬布斯成立公司是為了什麼？

2. 你對「蘋果」這個名字有何感覺，你覺得適合作為電腦公司的名字嗎？為什麼？

八 車庫裏出生的「蘋果一號」

年青的發明家碰上電腦商人，會發生什麼故事呢？

那真是一次奇妙的巧合。

喬布斯和沃茲尼克創立蘋果電腦公司後，把他們設計的電路板帶到「自組電腦俱樂部」的每周聚會上進行演示。

俱樂部的常客保羅·特雷爾是個電腦迷，他開了一家拜特電腦商店，他也像喬布斯一樣意識到電腦的巨大商機。那天，他在「自組電腦俱樂部」認識了喬布斯，但印象不深，他只是給了喬布斯一張名片，說：「保持聯繫。」

第二天，喬布斯光着腳，帶着一個完成的電路板，高興地跑到拜特電腦商店，對特雷爾說：「我來和你聯繫了。」

特雷爾看了看喬布斯帶來的電路板，說：「我需要的是一部組裝完成的電腦，而不是一張普通的電路

板。」

「這樣的一部電腦，你願意出多少錢？」喬布斯問。

「500美元。」特雷爾說，「我要五十部，一個月內交貨，貨到付款。」

喬布斯喜出望外，這可是蘋果的第一筆「大生意」。

他興沖沖地打電話告訴沃茲尼克這個消息：「沃茲尼克，我完全震驚了，這是我們蘋果的頭一回！是最令人震驚的成功啊！」

現在最迫切的是獲得足夠的資金去購買零件，並在三十天內組裝五十部電腦。喬布斯找了好幾家銀行和商店的經理，都被拒絕貸款。

最後，喬布斯走進一家電子產品供貨商店——克拉默電子公司，請求供應零件，三十天後才付款。克拉默的經理並不相信這位蓬頭亂髮、光着腳板的大男孩說的是真話。

經理說：「你真的有一張訂單，賣五十部電腦給特雷爾嗎？」

喬布斯回答：「經理，你可以打電話給特雷爾證實。」

特雷爾接到經理的電話，回答：「我的確是向喬布斯訂了五十部電腦，三十天內交給我。」

於是，克拉默電子公司答應賣電腦零件給喬布斯，並准許他三十天內付清賬單，不需要利息。

這個以蘋果命名的公司開始起步了，沃茲尼克的家成了製作電路板的工廠，餐桌變成了工作台，堆滿了零件。這讓沃茲尼克的新婚妻子非常不滿，工廠只得搬到喬布斯父母的房子裏。

剛開始是在已出嫁的妹妹帕蒂的卧室，漸漸蔓延到其他地方，甚至佔用了保羅剛整理過的車庫。快要生孩子的帕蒂幫忙將晶片嵌進電路板中。喬布斯的朋友卡特基和他的女友伊莉莎白也來幫忙，伊莉莎白因為焊壞了幾個零件，喬布斯只好叫她記賬，由他親自焊接。韋恩擬訂電腦的操作手冊，還設計了蘋果的第一個商標——坐在蘋果樹下的牛頓。

喬布斯的父親造了一個可以通宵測試電路板是否耐熱的裝置。喬布斯的母親也沒閒着，她負責接電話，並作記錄。沃茲尼克在車庫外面負責測試電路板，合格的便裝進盒子裏。蘋果一號就這樣在車庫中誕生了。

這一天，喬布斯把做好的第一批電路板小心地裝在車上運到拜特電腦商店。特雷爾看了以後說：「我要的

是有完整功能的電腦，這些產品沒有鍵盤，沒有電源，連外殼也沒有。不行。」

喬布斯堅持，並說：「當初不是說好這樣嗎？」特雷爾只得收下這批產品，然後僱人給這些電路板製造木質外殼。

五十部電腦已經賣給特雷爾的商店，喬布斯和沃茲尼克計劃再做五十部，賣給矽谷裏的其他新興商店，並定價為666.66美元。

蘋果一號很快銷售一空，讓蘋果的發展有了良好的開端。喬布斯又有新的構想：製造一部螢幕、鍵盤、外殼等硬件全部齊備的個人電腦，讓顧客一買回去便可立即使用。於是喬布斯和沃茲尼克開始研究新型號的電腦——蘋果二號。

喬布斯和沃茲尼克明白以他們的微薄資本根本不足以應付蘋果二號的生產。所以只得分頭去找資金支持，可惜到處碰壁，他們找的公司都沒意識到個人電腦**蘊藏**[1]的商機和市場。

1976年10月，機會來到了。百萬富翁馬庫拉前來喬布斯、沃茲尼克的車庫工廠。馬庫拉曾在英特爾公司

---

[1] **蘊藏**：蓄積而未顯露或未發掘。

擔任行銷主任，十分擅長推銷工作，由於在股票上賺了很多錢，所以很早就選擇了退休的生活。馬庫拉對蘋果二號十分感興趣，於是決定幫助喬布斯他們撰寫營運計劃書，給蘋果投資了25萬美元，並成為了蘋果的最大股東。有了這筆資金，蘋果二號終於可以投入生產了。

有一次，喬布斯看到英特爾公司的廣告，讓他印象深刻，於是他便打電話給英特爾，詢問他們：「哪家公司給你們製作廣告的？」

「是里吉斯‧麥肯納的廣告公司。」對方回答。

喬布斯立即打電話給這家公司說：「你們做的廣告不錯，我想讓你們也幫我們做。」這電話是由業務經理弗蘭克‧伯奇接聽的。

這天，伯奇決定到蘋果的總部——喬布斯家的車庫去看看。本來他是想快點與喬布斯談完便走，但是言談間，他覺得喬布斯雖然是外表邋遢的年輕人，但非常聰明，而且他講的東西，伯奇五十分之一也聽不懂。

當然，伯奇還要查查喬布斯的信譽如何。恰巧，他調查的對象就是拜特電腦商店的特雷爾。特雷爾在電話裏說：「我可以為喬布斯做擔保。」

在伯奇的引見下，麥肯納接受了喬布斯的委託，並由藝術總監羅布‧雅諾夫負責設計新商標。喬布斯對他

說：「你給我們設計一個蘋果圖形商標，但不要過於可愛。」

雅諾夫想：我怎樣設計好呢？他買了一大堆蘋果回來，花了一個星期將它們描繪成簡潔的形狀。雅諾夫給喬布斯提供了兩個版本，一個是完整的蘋果圖案，另一個是被咬了一口的蘋果。

喬布斯看了之後很喜歡咬了一口的那個蘋果圖案，但覺得顏色可以更豐富一點。雖然商標中間全用白色可以節省印刷成本，喬布斯還是很果斷地說：「顏色才是賦予公司人性化的關鍵。」

羅布·雅諾夫嘗試了各種顏色。有一次，他在擺弄一塊三棱鏡的時候，看到陽光穿透三棱鏡後呈現出彩色的光線，獲得了靈感，於是在蘋果圖形上填上六種彩虹的顏色，還特意在蘋果的葉子填上綠色。

喬布斯高興地說：「對了，就採用這個商標。」

1977年4月，第一屆西岸電腦展覽開幕。為了讓蘋果二號在展覽會上一鳴驚人，喬布斯花費巨資預定了一個最大最好的位置。放在展示台上的三部蘋果二號樣機緊緊抓住了參觀者的目光，它不像以前的個人電腦般笨重、難以操作，它體積小巧、有美觀大方的塑膠外殼，而且操作簡易，可以安放在家中使用。最引人注目的

是，它還能在螢幕上顯示出各種色彩。蘋果二號定義了個人電腦的標準：螢幕、鍵盤、驅動器、主機板插槽、電源主機殼。幾千名參觀者湧向蘋果的展示台觀看、試用，購買蘋果二號的訂單紛紛而來。

蘋果二號在短短三年，銷售額超過了一億美元。1980年，喬布斯擔任蘋果的董事長，蘋果公開上市，股價第一天便從22美元漲升到29美元，蘋果的市值達到了十幾億美元，25歲的喬布斯成為了白手起家的億萬富翁。

一次成功，不等於永遠成功。成功之後，是否有「失敗」在虎視眈眈呢？

想一想

1. 蘋果二號電腦受消費者歡迎的原因是什麼？

2. 蘋果商標歷年以來有不同的演變，由早期的六色，到近年的單色、富透明的質感，你更喜歡哪一個？為什麼？

九 被自己創建的公司驅逐

這樣的事，你一定不會覺得好笑：蘋果的創始人被自己的公司開除。是真的嗎？唉，這是真的。怎麼會這樣呢？

一家公司總要有個領導者。蘋果公司也需要一個總裁，這由誰來做呢？

蘋果電腦公司在1977年1月3日正式成立，有了第一批員工，還在加州的庫比蒂諾租了辦公室。馬庫拉認為蘋果走上了正軌，需要聘用一位總裁，他望着喬布斯，歎了一聲，心想：唉，他才二十二歲，太年輕了！二十七歲的沃茲尼克呢，又太**靦腆**①，不想當管理人員。於是，他聘請了邁克·斯科特做總裁。

斯科特做了總裁後，公司規模不斷擴大，於是又搬到新的地方，這次辦公室的面積比原來的大了15倍。而且，公司裏還建立了一些部門，員工就向部門的負責人彙報工作。喬布斯想：權力都被他們分割了，我還能幹

---

① **靦腆**：害羞。

什麼？

喬布斯對這樣的重組很不高興。同時，他正考慮自己創造一樣新的產品，一款功能遠遠超過「蘋果二號」的電腦，他把它稱之為「麗莎」。「麗莎」是他與前女友所生的女兒的名字。

這時，蘋果電腦公司的另一個工程師團隊也在研發一款叫做「麥金塔」的新電腦，這個項目的負責人叫拉斯金，他不是喬布斯喜歡的人，喬布斯把他看成是個笨蛋。

有一次，喬布斯到施樂公司參觀時，看到他們的電腦使用了圖形介面，電腦的螢幕上有不同的圖示，喬布斯說：「這個圖形使用者介面，就是電腦的未來！因為使用者只要用指示器指向螢幕上的圖示便可使用某個檔案，不再需要輸入一些詞語指令才能找到那些檔案啦。」喬布斯感到特別高興的是，他看到了另外一項發明——「滑鼠」，這個手控的指示器實在很方便，讓他直呼不可思議。回到蘋果後，他立刻就想要製造出這些新穎的東西。

喬布斯剛開始時是在麗莎電腦團隊，後來要求轉到麥金塔團隊，想要親自領導這個小組，但這個團隊的領導是拉斯金，他跟喬布斯產生了嚴重的分歧。拉斯金決

定使用更便宜的微處理器，拒絕使用大部分的圖示，而且不使用滑鼠。

喬布斯非常震驚，説：「你怎麼可以否定圖形使用者介面，否定滑鼠呢？」

拉斯金態度強硬地説：「我們為什麼要仿照別人的技術呢？」

喬布斯口氣堅決地説：「使用圖示和鼠標是最重要的技術，而且是推出新電腦的關鍵，決不能丟棄！」

拉斯金板着臉孔，一擺手：「我不同意！」

喬布斯想帶領手下的工作人員把麥金塔的項目奪過來。總裁斯科特本來不想介入這件事，可是見他們鬧得很僵，便將喬布斯和拉斯金叫到辦公室，馬庫拉也在場。斯科特早前已經叫喬布斯離開麗莎項目，讓喬布斯感到很委屈，這時他又一次掉下了眼淚。

斯科特考慮過後，對喬布斯説：「喬布斯，你來接管麥金塔項目。」然後轉過頭來，對拉斯金説：「你休假好了。」

就這樣，拉斯金離開了蘋果，喬布斯組建了自己的麥金塔團隊，一切由他自己掌握，並搬到遠離總部辦公樓的地方工作。

喬布斯打電話給好友沃茲尼克：「沃茲尼克，你最

近怎麼來公司的時間越來越少了？希望你儘快回來，加入我這個團隊，我們一起研發新電腦。」

沃茲尼克說：「我最近買了一架飛機，天天學習飛行，暫時不能去公司了。」

1981年2月，沃茲尼克的飛機在起飛後不久就墜落了，沃茲尼克**僥倖**①生還，但需要一個漫長的康復過程，所以不能夠跟喬布斯一起創造新的電腦了。

喬布斯感到很惋惜。

同月，因為蘋果三號的失敗，斯科特親自解僱了大批員工。幾個月以後，他自己也宣佈辭職，喬布斯成了董事長，馬庫拉暫時成了總裁。

兩年之後，喬布斯結識了百事可樂公司總裁約翰·斯卡利。他問斯卡利：「你願意一輩子賣糖水呢，還是跟我一起改變世界？」喬布斯請他到蘋果公司擔任總裁，負責行政工作。但兩人的個性完全不同，斯卡利的關注點並不在喬布斯的產品或者設計上，他只是想怎樣獲得利益，因此兩人的關係後來變得非常緊張。

麥金塔電腦即將大功告成，並於1984年初推出，喬布斯想給它舉辦一場盛大的發布會，於是製作了一個名為「1984」的廣告，廣告模仿喬治·奧威爾的著作

---

① **僥倖**：由於偶然的原因而得到成功或免去災害。

《一九八四》，引起很大反響。

這個廣告一開始便是走調的聲音和沉重的腳步聲，成排剃光頭的人一個接一個緩慢地走進房間，望着螢幕上正在發言的一張巨大人臉（代表當時最大的競爭對手IBM），突然一個年輕的女郎（代表蘋果電腦公司）雙手拿着鐵錘沖進來，將鐵錘向螢幕擲去，「嘭！」的一聲，螢幕粉碎了。

斯卡利看了廣告，說：「這是什麼廣告！非常糟糕，把它放棄吧。」

喬布斯說：「這個廣告很有創意，不能撤。」

廣告放映以後，無論新聞評論員、體育撰稿人，還是電視觀眾都被這個廣告震懾住了，還獲得了獎項。

在年度股東大會上，喬布斯召開了麥金塔的發布會，他的團隊成員坐在前排，全部穿着麥金塔的襯衫。燈光暗了下來，身穿三排扣西裝、打着領帶的喬布斯出現在聚光燈下，他緩緩地將麥金塔從盒子裏搬出來，螢幕上以星光作為背景，顯現出「Macintosh」，下面還有跟手寫一模一樣的草書體：「Insanely grcat（棒到極致）」！人羣沸騰了，接着文書工具、各式字型、繪圖工具以及一個象棋遊戲陸續出現在螢幕上，深深地吸引着大家。大家起立，不斷地鼓掌，為這部電腦，為喬布

斯鼓掌！麥金塔取得非常好的效果。

　　然而，斯卡利與喬布斯的矛盾不斷出現，斯卡利總是強調利潤，而不關注產品的精緻。喬布斯決定向董事會施壓，說：「我無法與斯卡利共事了，你們在我和他之間選擇其一。」

　　這時候，電腦的銷量不斷下滑，公司的財政赤字到了無法忍受的地步。斯卡利也向董事會施壓：「如果你們讓喬布斯留在蘋果，我就**掛冠**[①]而去，你們另請高明吧。」在這個關鍵時刻，董事會選擇了斯卡利。

　　喬布斯是蘋果創始人，並沒有被解僱，但是董事會說：「喬布斯，你不再屬於任何團隊，給你一間辦公室，但你不用領導任何部門，你也不需要做任何事情。」

　　喬布斯被放逐了，不要他管理任何事務。喬布斯不能忍受這樣的安排，於是寫了辭職信。

　　他向董事會提出辭職，計劃另開一家新公司。當喬布斯向斯卡利遞交了想要帶走的五個蘋果員工的名單時，董事會十分憤怒，決定授權斯卡利控告喬布斯非法使用蘋果的資料和技術。喬布斯在1985年9月17日留下一封辭職信，離開了蘋果。雖然最終蘋果撤銷了控告，

[①] **掛冠**：冠指官帽。把官帽取下掛起來，比喻辭職。

雙方達成和解，不過兩者關係徹底破裂了。

遭受人生路上這樣重大的一次挫折，喬布斯將如何往下走呢？

1. 喬布斯與斯卡利的矛盾是什麼？

2. 如果你是當時的董事會，面對公司的種種問題，你會支持斯卡利還是喬布斯？

十 離開蘋果之後

喬布斯嘗到了被奪權的滋味，心裏真不好受啊！

這就像一場噩夢。喬布斯問自己：為什麼會這樣？他不能怨別人，因為奪他權的是他自己請回來的人。他想讓他跟自己一起改變世界，但現在首先改變了自己。天哪！

他想到了自己的優勢，也知道了自己的傲慢帶來的惡果。

是的，被自己如此熱愛的公司拋棄，讓喬布斯完全清醒了，後來他這樣形容這個打擊：「這個良藥的味道實在是太苦了，但是我想病人需要這個藥。」

喬布斯決定破釜沉舟，重新來過。很快他便從陰影中走出來，並從中反思自己。

喬布斯在一次演説時説：「十年時間，蘋果從車庫裏只有我們兩人發展成為一家擁有4,000多名員工、市值20億的公司。在第九年的時候，我們剛剛發布了我們最棒的產品——麥金塔電腦，而我剛到三十歲，同一年我被開除了。我成年後全部生活的重心不復存在，這對我

是一個毀滅性的打擊。我被驅逐了，但我仍然熱愛我的事業。所以我決定重新開始。」

喬布斯賣掉了他所有的蘋果股票，只保留了一股，以保留參加蘋果股東大會的資格。

喬布斯將這次分手做了一個浪漫的比喻：「我的心會一直留在那裏，和蘋果公司的關係就像是初戀，我會永遠眷戀蘋果，就如同任何男士懷念他的初戀情人一樣：緣盡情未了。」

離開蘋果後，他創辦了一家名為 NeXT 的電腦公司，為研究機構和學院提供專業配置的電腦，以加快他們的研發進程。1989年，NeXT 電腦正式上市銷售。

1986年，他以1,000萬美元的價格，從「星球大戰之父」，也是美國電影「電腦特技之父」喬治·盧卡斯手中，買下了當時規模很小、很不景氣的電腦動畫製作工作室，成立了彼思動畫製作室。

最初，彼思主要生產用於圖像設計的電腦。喬布斯說：「圖像電腦除了像迪士尼這樣的動畫公司和繪圖設計師會使用外，醫療機構似乎也會使用它來模擬患者體內的 3D 圖像。」

於是他雄心勃勃地投放資金去製作圖像電腦和繪圖軟件，可惜銷情並不理想，他又一次失算了。

喬布斯內心感到難堪，接下來的路該怎麼走呢？他想：天無絕人之路，必須當機立斷。轉型，對，讓彼思展開轉型：生產電腦動畫。

1986年，動畫《頑皮跳跳燈》製作成功，喬布斯非常激動，他帶着它去參展。結果它被評為最佳影片。喬布斯像小孩一樣高呼：「哇！太棒了！」同年，《頑皮跳跳燈》也獲得了奧斯卡最佳動畫短片提名。

後來製作的《小錫兵》又贏得了1988年奧斯卡最佳動畫短片獎。

1991年5月，彼思與迪士尼公司簽約，開始了長達13年的合作。

1995年11月，彼思和迪士尼第一套合作製作的3D電腦動畫電影——世界上第一部用電腦製作的動畫電影——《反斗奇兵》面世了。

孩子們興高采烈地說：「真好看！」

家長們也稱讚道：「把藝術和技術結合一起，這樣的動畫就是好啊！」

這部電影不僅在市場上大獲成功，也對傳統的動畫產生了革命性的影響。

喬布斯吃到了甜頭，於是繼續促進電腦動畫的生產。

1998年，迪士尼與彼思合作的第二部電腦動畫電影《蟲蟲特工隊》上映。

1999年，世界上第一部完全數碼製作的電影《反斗奇兵2》上映，十天就突破了1億美元票房。

在合作期間，由彼思製作、迪士尼發行的六部動畫電影，每一部都十分賣座，為迪士尼和彼思帶來了巨大的財富以及多個獎項。

直到2006年，迪士尼收購彼思，喬布斯成為迪士尼最大的股東。

另一邊廂，喬布斯創立的 NeXT 電腦公司發展卻不太順利，正面臨困境。NeXT 製作出來的電腦雖然看上去很美，但封閉的系統和昂貴的價格都讓它無法吸引消費者購買，但這已經消耗了喬布斯大量的精力與金錢。

在個人電腦事業上，喬布斯越走越艱難。他冷靜下來想：我還沒有到盡頭！

把挫折丟在後面，往前走會是怎樣的一個天地呢？喬布斯並沒有氣餒。

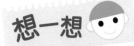
想一想

1. 喬布斯被蘋果驅逐後，仍能在動畫業中取得成功，你認為最重要的因素是什麼？

2. 你看過彼思製作的動畫電影嗎？你喜歡嗎？為什麼？

十一 王者歸來

沒有了喬布斯的蘋果，真是一切都糟糕透了。蘋果的運作和效益越來越差，**瀕臨絕境**[①]。

電腦銷售量和市場佔有率急劇下降，虧損嚴重，公司內各個部門爭吵不休，有能力的員工紛紛離去。

沒有盈餘，怎樣發薪水給員工？

蘋果公司先後更換了三個行政總裁。為了賺錢，他們竟然讓蘋果出售手提包、錢包、童裝、玩具等日常用品，甚至還有蘋果牌的衝浪板和帆船。

蘋果面臨破產，怎麼辦？他們想起了喬布斯，讓他回來拯救我們吧。

此時的喬布斯因彼思成功製作第一部電腦動畫電影《反斗奇兵》而聲名大噪；相形之下，蘋果公司卻搖搖欲墜了。1996年12月20日，蘋果收購了喬布斯的NeXT，這為喬布斯重返蘋果作了鋪墊。

喬布斯於蘋果面臨危難之時重新歸來，蘋果上下員

[①] **瀕臨絕境**：將要或臨近滅絕、絕跡。

工都十分歡欣鼓舞。就連行政總裁阿梅利奧也在迎接喬布斯的歡迎詞中說：「我們以最隆重的儀式歡迎我們最偉大的天才歸來，我們相信，他會讓世人相信蘋果電腦是資訊業中永遠的創新者。」

回歸蘋果的喬布斯先後成為兼任顧問和臨時行政總裁，其間除了整頓公司內務外，更試圖重建一家全新的蘋果公司。

喬布斯在1985年剛剛離開蘋果的時候，他告訴一位記者：「有時候為了學習怎樣才能將事情做好，你必須經歷失敗。」

後來，喬布斯又研究了蘋果公司存在的問題，他說：「我回到蘋果，不是為了得到財富，我的人生一直非常幸運，而且我已經很富有了。我只想看看經過我們共同的努力，能否讓一個明顯處於破產邊緣的公司扭轉局面。」

他一方面進行產品的評估，不再生產幾十個價值不高的產品，他要求員工把注意力集中在桌上電腦和可攜式電腦這兩類產品之上。另一方面他又縮減了人手，把那些他稱為「笨蛋」的人解僱了。在他回歸的第一年，他便裁掉了3,000多人，扭轉了公司10.4億美元虧損的財

務狀況。

喬布斯的策略拯救了蘋果。「那時，我們離破產不到九十天了。」他回憶説。

為了重新建立蘋果獨特的品牌形象，喬布斯找到他的老朋友，廣告「1984」的製作者李・克勞，請求他為蘋果製作一個新廣告。李・克勞趕來跟喬布斯會面，回去後想到了一個好主意，深深地觸動了喬布斯，以至於多年以後談起這件事的時候，喬布斯還會**潸然**[①]淚下。李・克勞的新廣告構思是：非同凡「想」(Think Different)。

廣告播放的時候，畫面上出現了許多喬布斯心目中的英雄：物理學家愛因斯坦、民權運動領袖馬丁・路德・金、和平運動者甘地等等。原本計劃由喬布斯朗讀畫外音，但喬布斯請了另一位演員來朗讀。最後一個畫面，這幾個字出現在六色蘋果標誌的下方：「Think Different」。這個廣告後來贏得了許多獎項。

1998年1月三藩市的麥金塔世界

畫外音：
一種行內術語，話劇、電影、電視節目等影片中的聲音，只要不是由畫面中的人或物直接發出，都稱為「畫外音」。

[①] **潸然**：流淚的樣子。

大會上，喬布斯在結束講述新的產品戰略時，他第一次使用了這句話作結，而這句話後來成為了他標誌性的結束語：「噢，還有一件事……」。這「一件事」就是：「我們開始獲得盈利了。」當他說出這句話時，觀眾席爆發出熱烈的掌聲。

在經歷了兩年巨額虧損後，蘋果終於在這個季度獲得了4,500萬美元盈利。在1998年整個財政年度，蘋果獲得了3.09億美元的盈利。

蘋果復活了！在一年多的時間內，喬布斯不僅改變了蘋果的財政狀況，而且重新確立了蘋果在商界的地位。

就在喬布斯剛重返蘋果不久，一次巡視中他發現了一位非常出色的人才——喬納森·艾弗，大家都叫他喬尼。

喬尼是蘋果設計團隊的主管，他發現自己和喬布斯有着一致的哲學觀，從此兩人並肩工作。喬布斯在喬尼的身上發現了能夠超越自己想像力的能量。喬尼也讚歎說：「其實很多人不知道喬布斯也是一個卓越的設計師。」蘋果往後的產品，大都是喬布斯和喬尼一同討論設計的。

　　1998年年初，喬布斯招攬提姆·庫克加入蘋果，成為喬布斯的副手。在這之前，他曾在 IBM 任職十二年。兩人性格和作風完全不同，喬布斯脾氣無常，而庫克則溫和敦厚，但他們有同樣的目標和要求，雙方密切合作了十三年，直到喬布斯於2011年因病辭任行政總裁，便由庫克接任。

　　經過蘋果的設計師和工程師們連續好幾個月不知疲倦地工作，喬布斯和喬尼精心設計的 iMac 誕生了，這是一部針對一般消費者的家用桌上電腦。

　　1998年5月，喬布斯登上講台發布 iMac。他在燈光下揭開了蓋着新產品的蓋布：一部透明的、藍白相間的電腦熠熠生輝地展現在觀眾的眼前，喬布斯詳細地介紹它的功能，最後，電腦的螢幕上出現了一句話：「hello（again）（你好，又見面了）」

　　這部電腦零售價定為1,299美元，一推出便立即造成購買熱潮，首六周就賣出超過278,000部。使用者們非常喜歡這部電腦的外觀和它可以看到內部構造的外殼，有不少人第一次上網，便是使用這部電腦。

　　接着，1999年喬布斯又推出了第二代 iMac，有着紅、黃、藍、綠、紫五種顏色的透明外殼，一上市就受

到消費者的熱烈歡迎。

2000年初，喬布斯從臨時行政總裁轉為正式的行政總裁。

艱苦的奮鬥，終於結出了豐碩的成果。

1. 喬布斯採取了哪些辦法讓蘋果轉虧為盈，重振雄風？

2. 擁有「非同凡『想』」是喬布斯成功的要素，你同意嗎？

十二　建立家庭

　　專注於工作的喬布斯，三十多歲了還沒有建立自己的家庭。他忘了這件人生大事嗎？看，機會來了。

　　1989年10月，喬布斯同意在史丹福商學院的「眺望全球」系列講座中演講一場。那是個周四的晚上，商學院的研究院新生勞倫‧鮑威爾，被她班裏的一個同學拉去聽這個講座。他們遲到了，所有的座位都坐滿了，所以他們坐在通道上。後來有人過來説他們不能坐在那裏，勞倫就帶着她的朋友走到第一排，坐在其中兩個預留席上。

　　喬布斯到場後，被引導到勞倫旁邊的座位。喬布斯向右方一看，便看到一個美麗的女孩坐在身旁，在等着被介紹上台的時間，喬布斯就和她聊了起來。勞倫心想：這個人太有魅力了。於是跟喬布斯開了個玩笑，説她坐在那裏，是因為她參加抽獎遊戲中了獎，獎品就是喬布斯帶她去吃晚飯。

　　演講結束後，喬布斯在講台旁邊跟學生們聊天。他看到勞倫站在人羣外圍，一會兒後便離開了。他立即衝

出去追她，連商學院院長走過來，想跟他説幾句話，都不能讓他停下腳步。

終於，喬布斯在停車場追上勞倫，他説：「不好意思，你不是説中了獎，我應該請你吃飯嗎？」勞倫大笑。「周六怎麼樣？」他問。她同意了，給喬布斯留了電話號碼。

喬布斯本來是要和 NeXT 的教育銷售團隊吃晚飯的。他想：跟教育銷售團隊相比，我更希望跟勞倫一起吃飯。於是他突然轉身，跑回到勞倫的車旁，問她：「今晚就一起吃飯，怎麼樣？」勞倫説好。於是，他們在一家時髦的素食餐廳吃了四個小時的晚餐。從那時開始，他們倆就一直在一起了。

勞倫自小就很獨立了。她父親是海軍陸戰隊的飛行員，在一次墜機事件中犧牲了。她母親再次結婚，那個男人是個酒鬼和**虐待狂**[①]。可是她母親覺得自己不能離婚，因為她沒有經濟來源養活所有孩子。勞倫力爭上游，先從賓州大學畢業，後來又成為了史丹福商學院的研究生。

1990年的第一天，勞倫接受了喬布斯的求婚，之後他有幾個月都沒再提這件事。12月，喬布斯帶勞倫去他

[①] **虐待狂**：喜歡用殘暴狠毒手段對待別人的人。

最喜歡的度假地——夏威夷的康娜度假村，他很享受跟勞倫一起在那裏度過的時光。聖誕節前夕，他再一次跟勞倫說，他想跟她結婚。

1991年3月18日，三十六歲的喬布斯和二十七歲的勞倫在優山美地國家公園的阿瓦尼酒店舉行了婚禮。大約五十人參加了婚禮，包括喬布斯的養父保羅和同父同母的妹妹莫娜·辛普森。莫娜帶來了未婚夫理查·阿佩爾。喬布斯租了一輛車，接載賓客們前來。他想這場婚禮的每個細節都在他掌握之中。

儀式由喬布斯的禪宗師父乙川弘文主持。乙川禪師用木棒敲鑼，然後燃香誦經，大多數客人都難以理解他唸的是什麼。

結婚以後，喬布斯一家搬到了帕洛奧圖老城一個適合家庭居住的小區，房子溫馨低調。即使後來喬布斯再度執掌蘋果，成為世界聞名的億萬富翁，他的房子還是沒有保安員和傭人，他甚至白天都不鎖後門。

喬布斯婚後育有一子兩女。喬布斯愛他的妻子，妻子勞倫也全力支持她的丈夫，這才讓喬布斯的事業取得了偉大的成就。

喬布斯形容說：「當我重返蘋果公司時，情況遠比我想像的差。在頭六個月裏，我經常想認輸。在我一生

中，從來沒有這麼疲倦過，我晚上十時回到家裏，倒頭便睡，直到第二天早晨六點起牀、洗澡、上班。妻子給了我很大的支持，再怎麼讚揚她也不過份。」

有人問他：「家庭是否是你的**累贅**^①？」

喬布斯開心地説：「家庭美滿或許是我事業成功的另一個原因。」

此外，喬布斯還有一個與前女友所生的女兒麗莎。長大後的麗莎從哈佛畢業，成為了一名作家。

另一方面，喬布斯心底念念不忘的親生父母又怎樣了呢？他曾經聘用偵探查探生母的下落，但沒有結果。有一天，他收到一個醫生寫給他的信，信封上面寫着「我死後交給史提夫・喬布斯」。原來這是當年幫助喬布斯生母喬安妮安排收養事宜的醫生所寫的。醫生的**遺孀**^②把信交給了喬布斯，他從中知道了生母的資料。後來，直到養母克拉拉在他離開蘋果的那一年病逝了，喬布斯才與生母通電話，並約了妹妹莫娜一起見面。

當年喬安妮生下喬布斯後不久，便跟喬布斯生父錢德里結了婚，但最終還是離婚收場。後來喬安妮改嫁姓辛普森的丈夫，莫娜改姓辛普森。喬安妮的第二次婚姻

---

① **累贅**：多餘、麻煩的東西。
② **遺孀**：丈夫死後留下來的妻子。

也是以離異告終。於是喬安妮便獨自撫養莫娜。喬布斯和莫娜的關係良好，他說：「莫娜是我最親的朋友！」

想一想

1. 為什麼喬布斯說家庭美滿是事業成功的原因呢？

2. 為什麼喬布斯要直到養母死後，才和生母聯絡？由此，你覺得喬布斯是一個怎樣的人？

十三 不斷創造的奇跡

2000年科技股泡沫爆破後，很多專家預言個人電腦將會走向衰落。喬布斯便一直思考應該怎麼為電腦定位呢？

「對，電腦應該成為『數碼中心』，將錄影機、音樂播放機、相機等數碼產品連結起來，影片、音樂、照片、資訊⋯⋯都可以由一部電腦管理。這將給大家帶來多大的方便！」但是，喬布斯能創造這個電腦奇跡嗎？

喬布斯一方面聘用庫克為營運主管，加強公司營運；另一方面嘗試在店舖租金昂貴的地段開設專賣店，成功吸引大量客戶光顧。

喬布斯預見音樂市場極有發展潛力，於是開發了一個使用簡易的音樂管理軟件 iTunes，供麥金塔的使用者免費下載。下一步，就是研發可與 iTunes 結合的可攜式音樂播放機——iPod。

喬布斯主張，複雜的工作就由電腦處理，簡單的功能就由播放機來做。喬布斯取消了一些蘋果正在進行的研發項目，集中精力研發 iPod。在 iPod 的發布前夕，

美國卻發生了911事件。在大家驚魂未定的時候，2001年11月10日，蘋果公司向世界展示了他們的新產品iPod。

iPod 的體積只有衣服口袋那麼大，卻能放入上千首歌曲，而且機身和耳機都是純白色的，設計新穎時尚。這項產品再次得到消費者的強烈擁戴與支持。

911事件：
2001年9月11日在美國發生的最嚴重的恐怖襲擊事件。四架美國國內航班被恐怖分子劫持，飛機撞擊了世界貿易中心和美國國防部所在地五角大樓，造成多人傷亡。

後來，喬布斯又建立了 iTunes Store 網上音樂商店，為 iPod 使用者提供合法下載音樂的途徑。2008年，喬布斯與幾個著名的影業公司和娛樂公司簽訂合作協議，在電影發行 DVD 的當天，蘋果用戶就可以在 iTunes Store 下載影片了。

有一天，當喬布斯開車在紐約麥迪遜大道上行駛時，他留意到沿途都有不少戴着白色耳機的人。回到公司後，他高興地說：「哦，我的上帝啊，iPod 真的開始流行了！」

喬布斯已經成為一個奇跡，而這個奇跡還將繼續進行下去。

2005年，iPod 銷量已經達到2,000萬部，成為蘋果

的一項舉足輕重的產品。但喬布斯洞察到現在的手機都已附有攝影功能，大大打擊數碼相機的市場，如果手機也具備音樂播放功能，必會搶走大量 iPod 的顧客。於是，蘋果開始研究可以打電話的iPod。

2007年6月29日，這款名為 iPhone 的手機正式面世，風靡全球。

2010年，平板電腦 iPad 正式上市，同樣獲得了大量的讚譽，甚至美國政府的許多高層官員也人手一部iPad。

2011年8月24日，喬布斯辭去蘋果的行政總裁職位，董事會任命原營運總監提姆‧庫克為公司的新任行政總裁，喬布斯為董事長。

辭職之前的兩個月，身患重病的喬布斯還向庫比蒂諾市議會介紹蘋果新總部的設計規劃，這也是他最後一次在公開媒體上主動露面。

創造的火焰不會熄滅，但人的生命總有盡頭。喬布斯堅毅不屈、迎難而上、勇於創新、敢於冒險等特質，很值得人敬佩。

「我確信我愛我所做的事情，這就是這些年來支持我繼續走下去的唯一理由。」喬布斯說。

有一次，喬布斯對比爾‧蓋茨說：「我認為我們兩

個是世界上最幸運的人，在正確的地點、正確的時間，發現了我們真正愛做的事。」

喬布斯為改變世界所作的貢獻，永遠銘刻在人們的心上。

想一想

1. 喬布斯如何扭轉個人電腦需求衰退的情況，為蘋果再創佳績？

2. 你認為喬布斯事業上獲得成功的關鍵是什麼？

十四 與癌症搏鬥

哪一天會是自己生命中的最後一天呢？這是喬布斯經常想起的問題。他在他17歲的時候，讀到了一句**箴言**①，給喬布斯留下了深刻的印象。從那時開始，他每天早晨都會對着鏡子問自己：「如果今天是我生命中的最後一天，我還會做自己今天即將要做的事嗎？」

這天，喬布斯感到非常無助，他得知一個無法接受的事實。生命就是那麼脆弱，那麼不堪一擊。在大自然中，我們總是顯得那麼的渺小。他曾經這樣說：「沒有人願意死，即使人們想上天堂，也不會為了去那裏而死。」

但是，死神正向他逼近。

喬布斯的身體在1997年以後開始出現問題，他患上了腎結石等疾病。2003年10月，在一次例行的腎臟和輸尿管檢查中，醫生無意中發現了他的胰臟腫瘤。

知識門

胰臟：

位於胃部後方，主要功能有兩個，一是分泌酵素消化脂肪、糖分及蛋白質等，二是分泌胰島素調節血糖。

---

① **箴言**：勸誠的話。

　　命運還是眷顧着他的，經檢查後，醫生激動對他說：「你得的是一種非常罕見的胰島細胞神經內分泌腫瘤，可以用手術治癒，建議你及早進行手術吧。」在醫生及朋友的勸諭下，喬布斯仍拖了9個月才進行手術。手術後發現，他的癌細胞已經轉移至肝臟了。在2005年的史丹福大學演講中，他首次對公眾提到自己的癌症。

　　喬布斯和死亡擦身而過不只這一次。2008年他由於肝功能衰竭，日漸消瘦，需要一個新的肝臟才能活下去。不幸的是，在加利福尼亞州像喬布斯一樣等待換肝臟的人很多，但是只有很少人如願以償。

　　在缺席多次重要的公司會議後，喬布斯於2009年1月決定休假。庫克到喬布斯家裏探望，看到他的情況越來越差，便悄悄地到醫院檢驗自己的血液，看了相關的資訊，便下了決心要幫助喬布斯。

　　庫克探望喬布斯時，說：「喬布斯，我可以給我的肝臟你去做換肝手術。」

　　喬布斯斷然拒絕，說：「不，我不會這樣做！」

　　「沒關係的。」

　　「不行！」喬布斯不願庫克這樣做。

　　後來，情況更糟了。他利用輪候排位機制獲得了一個車禍死者的肝臟。換肝手術時，醫生發現喬布斯

的腹膜有斑點，顯示癌症可能已經轉移了。手術後他更患上肺炎，一度處於死亡邊緣。

腹膜：
腹腔中的一層黏膜，包覆着大部分腹腔內的器官，能分泌黏液濕潤器官的表面，減輕器官間的摩擦。

面對死亡，喬布斯從禪宗裏得到頓悟。他說：「死亡就是生命中最好的一個發明。它將舊的清除以便給新的讓路。」

2011年1月，喬布斯的癌症復發，他再度休假，由庫克負責公司的日常管理。微軟公司創辦人比爾‧蓋茨去探訪他，喬布斯坦然地說出自己的健康問題，他將他的藥物治療方法比喻成青蛙「從一片荷葉跳到另一片」，試圖比癌症快上一步。到了7月，他的癌症已經擴散到全身，身體已經虛弱得連自行上樓梯也很困難。一天，沃爾特‧艾薩克森來探訪喬布斯。沃爾特是CNN（美國有線新聞網絡）的前任董事長兼行政總裁，喬布斯請他為自己寫傳記。喬布斯被病痛折磨得瘦骨嶙峋，蜷縮在牀上，但仍撐起精神，跟沃爾特談談自己的童年，還拿出一些養父以及自己家庭的照片。

「喬布斯，你是一個極注重隱私的人，為什麼要出版一本傳記呢？」沃爾特問。

「我想讓我的孩子們了解我。」喬布斯答道，「我

經常不在他們身邊，我希望他們知道這是為什麼，並理解我做的事情。」

直到生命的盡頭，喬布斯也沒有放開對蘋果的所有關注。喬布斯的妹妹莫娜説：「在生命中最後的幾星期裏，喬布斯最牽掛的是那些依靠他的人：蘋果的員工、四個孩子以及妻子勞倫。臨終時，他語調溫柔，飽含歉意。他為即將離我們而去而難過。」

離世前一天，臥在病榻上的喬布斯，依然強行打起精神，觀看 iPhone 4S 的發布會直播。在發布會結束時，喬布斯微笑了一下，但沒有説一句話。

1. 作為一個成功的企業家，為了公司而忽略了家人，是不是必然的事呢？為什麼？

2. 為什麼喬布斯每天都問自己：「如果今天是我生命中的最後一天，我還會做自己今天即將要做的事嗎？」

十五 詩意的葬禮

喬布斯甘願就這樣與人生告別嗎？他的內心說：不！

他還想着他的蘋果：「我相信蘋果最燦爛、最有創造力的日子還在前方。」

在喬布斯努力對抗癌症的過程中，他正視到自己即將面對死亡的事實，他感覺到自己離開人世的日子快到了。他之前從沒有跟別人說過自己的葬禮要如何安排，勞倫以為他希望火葬。離世前的兩天，喬布斯說：「我不希望被火化，我想死後陪伴着父母，葬在他們所在的公墓裏。」

第二天早上，喬布斯打電話給妹妹莫娜，讓她趕快來看看他。他的女兒麗莎從紐約飛回來了，喬布斯的另一個妹妹帕蒂也來到他的身邊。

喬布斯最親密的同事都知道他現在情況十分糟糕。帶有 Siri 語音識別功能的新 iPhone 4S 發布會一結束，庫克和其他幾位都接到電話，並與喬布斯道別。

在人生的最後時光，喬布斯與深愛的家人在一起，

讓他感受到家人的關懷和愛。他帶着不捨注視着孩子們，然後看向勞倫，最後目光越過他們看向遠方，口中發出「噢哇，噢哇」的聲音。他的呼吸變得沉重起來，莫娜和勞倫含淚整晚都陪在他身邊。

2011年10月5日下午3時左右，喬布斯在家人的陪伴下，離開了人世了，享年56歲。

全世界都為喬布斯的離世而感到傷感。幾百個城市和鄉村都搭建起了臨時**祭壇**^①，放上蠟燭和鮮花去懷念喬布斯。

10月16日的晚上，一場莊重的追悼會在史丹福紀念教堂舉行，這場追悼會以私人性質舉行，並沒有對外開放。追悼會在一片燭光之中開始，著名大提琴家馬友友表演了巴赫小組曲，喬布斯的好友波諾演唱了喬布斯很喜歡的一首歌——《每一粒微沙》(*Every Grain of Sand*)，民謠歌手瓊·貝茲唱了一首悲傷卻又激動人心的《輕輕搖擺，甜蜜戰車》(*Swing Low, Sweet Chariot*)。喬布斯的每一位家庭成員都詳細敍述了喬布斯的一些故事，還朗讀了詩歌。勞倫説：「他的思想從不受現實的束縛，他對可能性充滿了**史詩**^②般的感覺。他總是從完美

---

① **祭壇**：祭祀用的台。
② **史詩**：敍述英雄傳説或重大事件的敍事長詩。

主義的立場出發看待事情。」

　　喬布斯在音樂、詩歌和親情的陪伴下安息了。

　　喬布斯去世後，蘋果公司更改網站首頁，換成喬布斯的大幅黑白照片及他的生卒年份，照片連結至一份簡短的**訃聞**[①]。

　　三天后，蘋果公司在總部舉行了追悼會。

　　活動中，首次公開了喬布斯當年為廣告「非同凡『想』」的旁白錄音：

　　「致瘋狂的人。他們特立獨行，他們**桀驁不馴**[②]，他們惹是生非，他們格格不入，他們用與眾不同的眼光看待事物。他們不喜歡墨守成規，他們也不願安於現狀。你可以認同他們，反對他們，頌揚或是詆毀他們，但唯獨不能漠視他們。他們推動了人類向前邁進。

　　或許他們是別人眼中的瘋子，但他們卻是我們眼中的天才。因為只有那些瘋狂到以為自己能夠改變世界的人，才能真正改變世界。」

[①] **訃聞**：向親友報喪的通知，多附有死者的事略。
[②] **桀驁不馴**：桀驁，兇暴倔強。馴，順從。形容性情暴烈，不服管教。

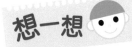

想一想

1. 你認為喬布斯是他自己口中的「瘋狂的人」嗎？ 為什麼？

2. 喬布斯哪些方面值得我們學習？

大事年表

公元	年齡	事件
1955年		喬布斯出生。
1971年	16歲	與沃茲尼克一起製作藍盒子並銷售。
1972年	17歲	入讀里德學院，半年後退學。
1974年	19歲	成為雅達利公司的員工。
1976年	21歲	與沃茲尼克、韋恩簽訂合作協議。蘋果一號面世。
1977年	22歲	蘋果公司正式成立。蘋果二號在三藩市舉行盛大的發布會。
1978年	23歲	女兒麗莎出生。

1980年	25歲	蘋果三號上市，銷量慘淡。喬布斯被驅逐出麗莎項目。12月蘋果公司上市。
1982年	27歲	與比爾‧蓋茨合作，微軟公司替麥金塔電腦設計應用程式。
1983年	28歲	「1984」廣告首次播放。
1984年	29歲	舉行麥金塔電腦發布會。
1985年	30歲	辭職，離開蘋果公司，並創辦了NeXT公司。
1986年	31歲	成立彼思動畫製作室。彼思製作的動畫短片《頑皮跳跳燈》，獲奧斯卡提名。
1988年	33歲	舉行NeXT產品發布會。 彼思製作的動畫短片《小錫兵》贏得1988年奧斯卡最佳動畫短片獎。
1989年	34歲	NeXT電腦開始銷售。 與研究生勞倫初次相遇。
1991年	36歲	與勞倫在阿瓦尼酒店舉行婚禮。

1993年	38歲	彼思與迪士尼合作製作《反斗奇兵》。
1995年	40歲	《反斗奇兵》上映。
1996年	41歲	喬布斯重新踏上位於庫比蒂諾的蘋果總部，蘋果收購 NeXT。
1997年	42歲	喬布斯作為兼職顧問入職蘋果，製作「非同凡『想』」廣告，其後接任蘋果公司臨時行政總裁。
1998年	43歲	喬布斯扭轉蘋果的財務危機，蘋果首次獲得3.09億盈利。iMac 問世，成為蘋果歷史上銷售速度最快的電腦。彼思與迪士尼合作製作的《蟲蟲特工隊》上映。
1999年	44歲	《反斗奇兵2》上映後，喬布斯開始修建彼思大樓。
2000年	45歲	成為蘋果公司的正式行政總裁。
2001年	46歲	在麥金塔世界大會上發布了iTunes。第一家蘋果零售店在弗吉尼亞州的高端購物中心泰森角（Tysons Corner）開業了。在產品發布會隆重推出了 iPod。

2003年	48歲	推出 iTunes Store 網上音樂商店，並發布了 Windows 版本的 iTunes。在一次例行檢查中被確診患上癌症。
2004年	49歲	第一次請病假，在史丹福大學醫學中心接受了外科手術，切除胰臟腫瘤。
2005年	50歲	接受史丹福大學2005年畢業典禮的演講邀請。結束病假後，喬布斯任命庫克為蘋果公司的營運總監。
2006年	51歲	迪士尼收購彼思，喬布斯成為迪士尼最大的股東。
2007年	52歲	iPhone 上市。
2008年	53歲	癌細胞擴散。
2009年	54歲	發布公開信，隱瞞實際病情，並第二次請病假，進行肝臟移植手術。
2010年	55歲	喬布斯恢復了大部分體力，重新投入到工作中。iPad 、iPhone4 開始銷售。10月與奧巴馬總統會面。
2011年	56歲	喬布斯的健康狀況每況愈下，第三次休假，並辭任行政總裁。於10月5日病逝。

認識印度

喬布斯年輕時十分嚮往到印度朝聖，究竟印度是怎樣的一個國家呢？

概況

印度位於亞洲南部，土地面積約32萬平方公里，是世界第七大的國家。印度是一個多民族國家，人口超過12億，是世界人口第二多國家，僅次於中國。印度首都是新德里，位於印度的北部。

語言

印度的語言有幾百種，官方語言有22種，主要的是印地語和英語。

氣候

印度大部分地區終年高溫，冬天並不嚴寒，有明顯的雨季和旱季。

宗教

印度是一個多宗教國家，約八成的印度人信奉印度教，其次為伊斯蘭教、基督教、錫克教等。印度教徒視

牛為神祇，故不吃牛；視恆河為聖河，最大的願望是到恆河沐浴，死後把骨灰撒入河中。佛教雖起源於印度，但現今在印度已經式微，信奉的人口不足全國人口的百分之一。

社會狀況

貧富差距懸殊，有些都市中還有貧民窟的存在。教育普及率低，有不少文盲。婦女地位偏低。印度人自古奉行的種姓制度，即以尊卑貴賤將人劃分為不同等級，這等級世代沿襲，不同等級的人不能互相通婚。雖然現代法律已廢除種姓制度，但這種觀念仍然根深柢固。

簡史

印度是四大文明古國之一，約在公元前2000年創造了印度河流域文明。約在公元前14世紀，中亞的雅利安人進入，種姓制度開始出現。之後經歷過不同的王朝統治，還曾被穆斯林民族、突厥人入侵。1600年英國入侵，及後更成為英國的殖民地，在近百年的殖民統治中，印度人民不斷反抗，最終在1947年成功爭取獨立，成為現在的印度共和國。

　　如果你是蘋果的設計團隊，你想設計一件怎樣的電子產品呢？請從產品外觀、內部功能等方面説一説。